Idee / Text: Michael Kernbach
Cartoons / Illustration: Miguel Fernandez

Wir produzieren nachhaltig
- Klimaneutrales Produkt
- Papiere aus nachhaltigen und kontrollierten Quellen
- Hergestellt in Europa

17. Auflage 2025

© 2016 Lappan Verlag in der Carlsen Verlag GmbH,
Völckersstraße 14–20, 22765 Hamburg

ISBN 978-3-8303-4239-7

Text: Michael Kernbach
Illustrationen: Miguel Fernandez
Herstellung und Gestaltung: Ulrike Boekhoff

Triff uns auf facebook.com/lappanverlag
und auf instagram.com/lappanverlag
www.lappan.de

FSC
www.fsc.org
MIX
Papier | Fördert
gute Waldnutzung
FSC® C002795

Du hast es

Geschafft

Was Frau mit 60
nicht mehr tun muss!

Einparken lernen

Was ist das größte Geschenk für einen Menschen? Es ist die Freiheit! Machen Sie darum Ihren 60. zu Ihrem persönlichen Independence Day. Befreien Sie sich aus dem Zwinggriff der dösbackigen Vorurteile, gegen die Sie lange genug erfolglos gekämpft haben, und folgen Sie dabei einer alten amerikanischen Entertainment-Regel: Give the people what they want!

Als Frau stehen Sie unter Generalverdacht, unter hysterischen Zick-Anfällen ohne jeden ersichtbaren Grund zu leiden? Nur zu! Das alles sind aber nur öde Trockenübungen gegen die emotionalen Höhepunkte, die Sie erwarten, wenn Sie es endlich aufgeben, einparken zu können. Eine Symphonie aus mahlendem Blech, knirschenden Kotflügeln und entsetzten Männerblicken, die man ungestraft mit einem einfachen „ooooupsie" quittieren darf – das dürfen Sie sich nicht entgehen lassen. Lernen Sie Nicht-Einparken, so schnell wie es geht, und schlagen Sie so Ihre Vorverurteiler mit der verdienten Höchststrafe: mit den Geistern, die sie riefen!

Trendsportarten

Das Leben ist ein Kommen und Gehen. Manches ist sogar schneller wieder weg, als es aufgetaucht ist. Nehmen wir mal Trendsportarten wie das „Synchronschwimmen".

Was sich hier als sportliche Hochleistung verstanden wissen will, stellt letztlich nichts anderes dar, als die absurde Überdehnung dessen, was wir als Wassergymnastik kennen. Lassen Sie sich nicht mehr zu kuriosen Verrenkungen in einem öffentlichen Stadtbad verführen, wo Sie schließlich jeder sehen kann. Wenn es schon Wassersport mit einem schicken Denglisch-Namen sein muss, dann gehen Sie zum Aqua-Training. Die erhabene Schönheit der korrekt gemeinschaftlich eingesetzten Schwimmnudel, wie auch das Tragen des Aqua-Jogging-Gürtels, sind nicht nur ein meditatives Gemeinschaftserlebnis, sondern auch ein sportliches Event der Extraklasse!

Den inneren Schweinehund besiegen

Disziplin, Kontrolle, Selbstüberwindung: Entschuldigung, sind Sie etwa ein Ninja? Oder ein verdammter US-Marine? No ma'am! Der 60. ist auch der Tag der ehrenhaften Entlassung aus dem Bootcamp der weiblichen Selbstkasteiung.

Kapitulieren Sie ab sofort und bedingungslos vor jeder Art von Verführung. Zeigen Sie der Pralinen-Industrie, was Sie unter einem Vernichtungsfeldzug verstehen. Okay, leider geht es auch als Golden Ager nicht immer ganz ohne jede Selbstbeherrschung. Nur eiserner Wille wird Ihren inneren Schweinehund dazu bringen, das permanent im Vorgarten Ihres Lebens lagernde Heer der buckligen Verwandtschaft zu vertreiben. Ausgedehnte Weltreisen sind hier übrigens ein sozial verträglicher Weg, diese von Ihrer omnipräsenten Unterstützung zu entwöhnen. Probieren Sie es gleich mal aus!

Mit der Freundin zur Toilette gehen

Die weibliche Intuition ist nahezu unfehlbar. Um so schwerer sind manche Verhaltensweisen von Frauen zu erklären, die so offensichtlich völlig überflüssig sind. Etwa der gemeinsame Rückzug mit der Freundin auf die Toilette, zwecks Austausch von Lästereien. Jedenfalls, um Männer kurzzeitig aus einer Unterredung auszuschalten, ist diese Vorgehensweise völlig überzogen.

Männer sind von Natur aus nur sehr beschränkt aufnahmefähig. Dazu kommt, dass gerade die Exemplare ab Ihrem Jahrgang aufwärts normalerweise von Chefs, Ehefrauen und dem Alkoholmissbrauch so zusammengeschossen sind, dass keine böse Bemerkung der Welt ihnen noch eine nennenswerte Gegenwehr entlocken könnte. Genießen Sie darum in Zukunft die frühere Toilettenkonversation nun bei Tisch, erstaunen Sie sich über die putzige Wehrlosigkeit ihrer schwerhörigen und haarlosen Opfer und machen Sie in Zukunft mit Ihrer Freundin lieber sinnvolle Kurzausflüge, etwa statt zum Klatsch aufs Klo lieber zum Drink an der Bar!

Als Nacktmodell posieren

„Ausziehen! Ausziehen!" scheint das 21. Jahrhundert unentwegt zu schreien.

Und beinahe jedes junge Möchtegern-Influencersternchen räkelt sich so nackt es kann für stylische Schwarz-Weiß-Aufnahmen vor der Linse eines fünftklassigen Provinzfotografen. Was waren das noch für Zeiten, als Erotik mehr war als Geschlechtsverkehr, und als die Kunst der Verhüllung den Reiz gut ausgeleuchteter primärer Geschlechtsorgane bei weitem übertraf. Lassen Sie sich nicht zu einem Objekt der reinen Fleischbeschau degradieren. Wer schlau ist, macht nicht jede Dummheit mit. Geizen Sie nicht mit Ihren Reizen, aber zeigen Sie auch, dass Sie wissen, wie eine Frau sie einzusetzen hat.

Alles selber machen

Das Geheimnis des Älterwerdens ist oft auch das Geheimnis des Verschweigens. Verschweigen Sie den ganzen Mitessern und Parasiten um sich herum einfach mal, wie gut es Ihnen wirklich geht! Die Vortäuschung eines schlechten Gesamtzustandes eröffnet obendrein das interfamiliäre Wettrennen um die besten Startplätze auf Ihrer Testamentsliste.

Lassen Sie sich soviel Umsorgung nicht entgehen, und mag sie noch so geheuchelt sein. Sie werden sehen: Ein bisschen Seufzen, ein bisschen Ächzen ... und schon tragen sich Taschen, Koffer und Getränke wie von selbst. Und Sie können Ihre Kräfte für den Tanzclub oder das Fitnessstudio schonen.

Vergangenheit verschweigen

Schwelgen in der Vergangenheit kommt bei jüngeren Mitmenschen leider oft nicht gut an. Und wissen Sie warum? Um darin zu schwelgen, muss man erstmal eine Vergangenheit haben!

Und die haben Sie doch. Verschweigen Sie darum der Nachwelt nichts. Erzählen Sie von den Flirts mit echten Männern, auf Partys bei realen Freunden, inklusive Knutschen und Petting statt Chatting mit Facebook-Buddies und, als Gipfel der Ekstase, einem „Drück dich"-Smiley; von Jungs mit denen man zu richtiger Musik wie der von den Stones tanzen konnte, und nicht zu akustischen Mordversuchen wie denen von Dieter Bohlen. Der Neid der zu spät Geborenen ist Ihnen gewiss.

Haustiere halten

Egal, ob Ihnen irgendein Lebensabschnittsgefährte mit Verantwortungsphobie einen Hund als Kindersatz unterschieben wollte, damit der Kindskopf samt nichtsnutzigen Kumpels weiterhin das Ende der Pubertät verweigern konnte ...

... oder ob Ihre Blagen sämtliche Nagetiervarianten Westeuropas nach zweimaligem Knuddeln fraglos in Ihre Pflege gegeben haben: Mit 60 sollten nicht nur die Kinder, sondern auch alle anderen Schmutz- und Lärmquellen Ihren Haushalt verlassen. Meerschweinchen sind zwar weiterhin in Ordnung, aber bitte nur noch gut durchgebraten an Blattsalat. Katzen bitte nur noch in ihrer männlichen Form als dumpfer, morgendlicher Kopfschmerz und Vögel, klar, aber nur noch mit ... aber mit kleinen Piephähnen kennen Sie sich sicher bestens aus ...

Emanzipiert sein

Wissen Sie, was das größte Problem der Emanzipation ist? Sie ist nicht realisierbar. Auch wenn Sie noch so sehr dafür gekämpft haben, Männer lassen sich einfach nicht zur Frau upgraden. Ziehen Sie daraus endlich das überfällige Fazit: Die Klügere gibt nach! Sie können den Kampf der Geschlechter einfach nicht gewinnen.

Totale Primitivität unterläuft im Leben oft genug geniale Perfektion. Wenn man sich darum erst einmal die genetisch bedingte Unterlegenheit des Mannes als gottgewollt eingesteht und die fruchtlosen Erziehungsspielchen einfach lässt, verwandelt sich der störrische Sofaoide schnell in ein putziges Haustier, das man einfach lieb haben muss. Wenn Ihnen ein solcher Spielkamerad zu Hause fehlt, finden Sie leicht etwas Gebrauchtes in verschiedenen Kneipen, wo reichlich Einzelstücke zwischengelagert werden.

Allen glauben

Was hat man in all den Jahren nicht alles glauben wollen, nur um unangenehmen Wahrheiten nicht ins Auge schauen zu müssen! „Mama, den bröseligen grünen Klumpen brauchen wir für bildende Kunst", „Schatz, die Reise nach Mauritius mit der Praktikantin ist rein geschäftlich" und und und ... lassen Sie doch diese Selbsttäuschungen.

Wenn schon Glauben, dann lieber an höhere Mächte. Gestalten Sie sich Ihren Alltag zukünftig lieber angenehm mit kleinen Unwahrheiten, die Sie sich selber ausdenken. Legen Sie sich einen Doktortitel zu und gewinnen Sie als Psychoanalytikerin reizvolle Einblicke in die morbiden Sozialgefüge Ihrer Freunde und Nachbarn, oder sichern Sie sich mit einem selbst gemalten Presseausweis den Zugang zu Musikern, Filmstars und allen anderen Träumen Ihrer schlaflosen Nächte. Nur keine falsche Zurückhaltung, denn sollte es in einem Ihrer eigenen Lügengebilde einmal zu ungemütlich werden, genießen Sie nun die Gnade der glaubhaft vorgetäuschten Altersverwirrtheit.

Jemand Neues kennenlernen

Es gehört leider zu den unbestreitbaren Nachteilen des Älterwerdens, dass das Kennenlernen von Neuem immer schwieriger wird.

Besonders in Bezug auf die Männer hat sich die Erkenntnis „Kennste einen, kennste alle" bei den meisten Frauen schon mit Mitte 30 durchgesetzt. Jemand Neues kennenzulernen ist daher mit 60 eigentlich unmöglich. Künstler, Beamter, Softie, Macho, am Ende räumen sie ihre Sachen nicht weg und duschen zu selten.

Anti-Aging-Werbung glauben

Mit dem Glauben ist es ja so eine Sache. Prinzipiell kann man schließlich nur an Dinge glauben, die man nicht mit Sicherheit weiß. Der Glaube an Anti-Aging-Mittel ist da von einer besonderen Qualität. Eine Creme, die das Altern aufhält, hosianna!

Dagegen ist die wundersame Fischvermehrung von Meister Jesus ein mieser kleiner Taschenspielertrick. Solchen windigen Versprechungen sollten Sie keinen Glauben und vor allem, kein Geld mehr schenken. Statt schnell enttäuschte Hoffnung in Anti-Aging zu investieren, sollten Sie lieber einen großen Bogen um alles machen, was Aging erst verursacht. Meiden Sie darum Wassergymnastikgruppen und das Programm des ZDF. Vorsicht auch vor allen Produkten, die Sie als Best-, Golden- oder Silver-Ager ködern wollen, und Finger weg vom Seniorenteller im Bistro. Dann lieber ein Kidsmenü bei McDonald's. Da ist auch nur die Hälfte drin. Aber es ist die Basisnahrung unserer Kinder. So geht Anti-Aging!

Den Partner erziehen

Der 60. Geburtstag sollte auch der Tag sein, an dem man sich eine Niederlage eingesteht. Bei der Erziehung Ihres Göttergatten und/oder Geliebten sind Sie weitgehend gescheitert.

Der gute Mann hat nach wie vor die Tischmanieren und auch den Durst eines Saufbolds, glaubt immer noch, dass Essen sich selber kocht und kann überhaupt nicht nachvollziehen, warum Sie so oft unzufrieden sind. Bier, Grill, Auto, Fernsehen, Kneipe – es ist doch schließlich alles da, was man zum Leben braucht. Geben Sie sich endgültig geschlagen. Gott hat nicht gewollt, dass Männer eine höhere Zivilisationsstufe erreichen. Halten Sie Ihren Nutzesel zukünftig im Hobbykeller, dort verschmutzt er nicht die gute Einrichtung, und sparen Sie sich Ihre erzieherischen Energien für höher entwickelte Lebewesen wie einen Hund.

Blind Dates verabreden

Beim Kennenlernen von Artgenossen ist es einem ausgeprägten und erfahrenen Charakter wie dem Ihren sicher nicht mehr zuzumuten, sich beim Blinde-Kuh-Spiel „Blind Date" mit einem wildfremden Menschen an einen Tisch zu setzen.

Denken Sie daran, welche Monstrositäten da hinter der parfümierten Maske Ihres Vis-à-Vis hausen könnten: Ein geiziger Schmock wie Onkel Hans, ein Hygiene-Verweigerer wie der Mann von Liese, ein Alkoholsammelbecken wie der Nachbar aus dem 3. Stock. Lassen Sie Lebenserfahrung walten, und treffen Sie sich lieber mit der widerwärtigsten Pfeife aus Ihrer Umgebung, deren ungezählte Unzulänglichkeiten Sie bereits zur Genüge kennen. Das bringt jede Menge Vorteile: Auch so ein Date kann voller Überraschungen sein, nur mit dem kleinen Unterschied, dass die auf jeden Fall nur erfreulich sein werden!

Mrs. Sporty besuchen

Der 60. Geburtstag ist ein prima Zeitpunkt für einen Perspektivwechsel. Bisher haben Sie nicht unerhebliches Geld in Einrichtungen wie Mrs. Sporty getragen.

Waren Ihre Leibesübungen dort vor den geifernden Blicken der männlichen Sportsfreunde geschützt, sollten Sie sich jetzt endlich auch einmal mit Ihren eigenen ästhetischen Bedürfnissen auseinandersetzen: Gönnen Sie sich auch optisch mal etwas Abwechslung. Durch einen Wechsel des Sportanbieters, etwa zu einer Prekariatsbrustpresse wie McFit, lässt sich nicht nur eine Menge Geld sparen, es gibt obendrein reichlich perfekt geformtes Jünglingsfleisch zu bestaunen, dem man, Dank der Würde des erreichten Alters, nahezu ungestraft die ganzen blöden Anmachsprüche einschenken kann, wegen derer man es eine Zeit lang eben nur bei Mrs. Sporty aushalten konnte.

Auf den guten Ruf achten

Keine Schusseligkeit wird bei Frauen härter geahndet, als wenn sie ihren guten Ruf verlieren. Mit dem 60. Lebensjahr sollten Sie in Ruhe Ihre Weiße-Westen-Bilanz prüfen. Sicheres Resultat: Obwohl Sie sich die letzten 30 Jahre so ziemlich alles verkniffen haben, was irgendwie nach Spaß und Abenteuer aussah, zerreißen sich die Missgünstigen im Block trotzdem ihre doofen Mäuler!

Darum sollte Ihre neue Lebensdevise sein: Ist der Ruf erst ruiniert, läuft der Rest fast wie geschmiert. Feiern Sie eine wilde Dessousparty im Garten oder trinken Sie vor der Haustür Prosecco aus der Flasche. Kaufen Sie sich ein Motorrad und laden Sie blutjunge Kerls zu sich in die Wohnung ein. Bieten Sie in Zeitungsinseraten Ganzkörpermassagen an und machen Sie dem Speckerchen der schlimmsten Tratschmuschel eindeutige Offerten. Das alles wird Ihren Beliebtheitsgrad nicht gerade steigern, aber Sie haben eindeutig mehr davon. Und wenn die Stimmung wirklich kippt, können Sie immer noch wegziehen. Ein bisschen Spaß muss eben sein!

Diät machen

Herzlich willkommen auf der Spaßseite des Lebens! Kennen Sie den berühmten Spruch: Das Beste kommt zum Schluss? Für niemanden ist die Behauptung wahrer als für Frauen, die mit dem 60. Geburtstag in die Partyzone des Lebens eintreten.

Joggen, Salat, stilles Wasser, wofür war das gut? Für Ihren Göttergatten, der schon damals mit dem Ja-Wort alle Haare verloren hat und nun mit Buddha um den Titel „größter Hüftgürtel ever" kämpft? Fangen Sie darum an aufzuhören, und zwar am besten bei den Diäten! Vergessen Sie Ihre Kleidergröße, verklagen Sie die „Brigitte" wegen Verbrechen an der Menschlichkeit und bestellen Sie bei der nächsten Gelegenheit ein großes Bier, Saumagen und einen Schnaps. Und genießen Sie den Eindruck, den ein Vollweib bei den Männern hinterlässt!

Marathon laufen

Dünn, austrainiert und fit. So sollen wir sein, sagt die Werbung, und das sagt auch die Krankenkasse. Ein für sicher erachteter Weg zu diesem Ziel, der Marathonlauf, ist dabei aber nichts anderes als ein 42 Kilometer langer Irrweg. Dass der erste Marathonike der Geschichte nach seinem Lauf tot zusammenbrach, erzählt einem von der Barmer Ersatzkasse keiner.

Vielleicht spekulieren diese Pfennigfuchser auf Millionenersparnisse durch Laufeinsätze mit Todesfolge. Gelenk- und Muskelverletzungen kosten die Volkswirtschaft aber viel Geld, ohne dass wie beim Rauchen oder Trinken über die Genusssteuer wenigstens Teile der Behandlungskosten schon beim Erwerb der Giftstoffe mit abgedrückt werden. Zeigen Sie darum gesellschaftliche Verantwortung und verweigern Sie das Marathonlaufen. Wenn es Sie nach Bewegung drängt, gehen Sie ins Schwimmbad, wo Sie mit Ihrem Eintrittsgeld eine kommunale Einrichtung unterstützen und nicht, wie die Laufis, kostenlos unsere Straßen abtreten.

Den Mann fürs Leben heiraten

„Drum prüfe, wer sich ewig bindet, ob sich nicht vielleicht was Besseres findet." Ein Ratschlag, den diejenige, die ihn sehr genau beherzigt hat, mit 60 zu Recht als erfüllt betrachten dürfte.

Weswegen man aber seine reife Entscheidung zu einer Eheschließung eben gerade nicht in dem Wahnsinn einer Hochzeit gipfeln lassen sollte. „Der glücklichste Tag ihres Lebens", ein „unvergesslicher Augenblick"? Nix als Stress, nimmersatte Gäste und, als Krönung des Schauspiels, gedichtete Reden des Brautführers. Sparen Sie Zeit, Geld und Nerven und machen Sie alles richtig. Hochzeit bitte nur im direkten Sachzusammenhang mit den Stränden der Dom Rep zum Beispiel. Oder den weißen Bergen von St. Moritz. Dort können Sie unbeschwert heiraten und das ganz ohne hirntote Hochzeitsspiele und Brautentführung!

Sich einer Szene anschließen

Wie groß die Gnade ist, dass Sie zur rechten Zeit am rechten Ort geboren worden sind, zeigt sich eindrucksvoll beim Blick auf unsere arme, gebeutelte Jugend. Wo früher noch ein Arafat-Schal und ein „AKW – Nein Danke!"-Button reichten, um sich nachhaltig von der Welt der Erwachsenen abzugrenzen, ist es schon sehr mühevoll, sich einer heutigen Szene anzuschließen.

Spitz geschliffene Eckzähne, Klamotten aus einem Science-Fiction-Albtraum oder ein paar Perlenohrringe, leider getragen im Zungenboden, das brauchen Sie doch nicht mehr. Wenn Sie sich trotzdem weiter einer Bewegung anschließen wollen, dann treten Sie einfach einer Partei bei. Ein Parteieintritt mit 60 ist nicht nur ein Akt gelebter Demokratie, sondern auch oft der reinste Jungbrunnen. Gerade in den großen Volksparteien kann Ihr Eintritt den Altersschnitt des Ortsverbandes erheblich senken. Geben Sie sich darum auch nicht mit einer einfachen Mitgliedschaft zufrieden. Nachwuchswerbung kostet, und ein Platz im Stadtrat sollte mindestens für Sie drin sein.

Bewerben

Schau mal einer an, die Herren Politiker! Kaum, dass unserem Land die ausbildungsfähigen Jungspunde auszugehen drohen, schon erinnern sich unsere gesellschaftlichen Spitzen an den Wert der Erfahrung.

Gestern noch mit 40 schon beim alten Eisen, heißt es plötzlich für die Swinging Sixties: Vater Staat wants you! Und Sie machen das natürlich mit?! Denkste! Selbst wenn Ihnen tatsächlich nach Arbeit zumute ist, gilt für Sie als oberste Regel: Bewerben ist ein totales No-Go. Denken Sie nur mal an Ihren Lebenslauf. Was für ein Aufwand! Und dann, kaum geschrieben und abgegeben, klemmt sich den doch irgendein geldgeiler Personaler und veröffentlicht das als seine eigene Biografie. Wenn Sie sich für eine bestimmte Tätigkeit interessieren, sollten Sie dem Unternehmen die Mitteilung zuspielen, dass Sie einer Berufung unter Umständen nicht völlig abgeneigt sein könnten.

Miss werden

Dass sich da die jungen Hühner um Sie herum mal nicht gewaltig irren. Selbstverständlich kann auch eine gestandene Frau mit 60 jederzeit noch eine Miss werden. Vielleicht nicht Miss Starlight Disco Travemünde, oder Miss Wiener Steffi.

Allein schon deshalb nicht, weil eine erwachsene und lebenskluge Frau sich Machospielchen wie Wet-T-Shirt-Contests oder blöde Auftritte in lächerlichen Kleidungskombis wie Bikini und Pumps nicht mehr antun würde. Sollte das jüngere Weibsvolk diese vornehme Zurückhaltung jedoch zum Anlass nehmen, diskreditierende Bemerkungen etwa über Ihr Lebensalter zu machen, wäre es mehr als angebracht, doch noch mal zur Miss zu werden. Zeigen Sie dem unreifen Gemüse, was Sie als Miss Kredit in kürzester Zeit an unvorteilhaften Boshaftigkeiten verbreiten können.

Sich erobern lassen

Was glauben Sie, wer die Regeln der romantischen Liebeswerbung erfunden hat? Richtig – die Männer! Es kann gar nicht anders sein, denn nur so ist es zu erklären, dass die Rolle der Frau bei der Pärchenbildung die ist, fein herausgeputzt darauf zu warten, welches klebrige Wildschwein glaubt, ihr mit Klowandsprüchen auf die Pelle rücken zu können.

Während also die Herren der Schöpfung im genetischen Kaufhaus praktisch alles anbaggern dürfen, was nicht bei drei auf den Bäumen ist, haben Sie sicher auch schon so manchen George Clooney mit irgendeiner Schachtel abwackeln sehen, nur, weil Sie sich nicht getraut haben, ihn anzusprechen. Ab sofort sollte Schluss sein mit der falschen Zurückhaltung! Mit 60 ist gerade die richtige Zeit, sich reichlich am Nachtischbüfett der knusprigen Verführungen zu bedienen. Verlassen Sie sich auf Ihren guten Geschmack und Ihr Augenmaß, und wenn's statt Küsse mal 'nen Korb gibt: Nehmen Sie es männlich. Die haben das ja auch alle Hunderte Male überlebt!

Erziehen

Der 60. Geburtstag ist unbestreitbar der ideale Zeitpunkt, den jahrzehntelangen Frondienst an der pädagogischen Front für immer zu quittieren. Die Reihe der mal mehr und mal weniger glücklich verlaufenen Erziehungsschlachten ist nun doch wirklich lang genug!

Wenn es ein neues Leitmotiv für Ihren Umgang mit den Mitmenschen braucht, sollte das vor allem von einem Gedanken bestimmt sein: Rache! Rache für missachtete gute Ratschläge, die deswegen ungezählten, für andere aus dem Feuer geholten Kohlen und jede Menge Undankbarkeit. Tipp: Mit nichts anderem lässt sich mehr Unheil unter den vormaligen Peinigern Ihrer Nerven anrichten als mit Torte, Schokoriegel und selbstgebackenen Keksen. Ob Sie nun so die makrobiotische Ernährungsweise Ihrer Enkel torpedieren oder Ihre halsstörrische Cousine in den sicheren Zuckertod schicken, ist dabei unerheblich. Rache schmeckt eben süß!

Rauchen anfangen

Eigentlich gibt es gerade ab jetzt, im beginnenden Spätsommer des Lebens, für nix eine wirkliche Einschränkung. Eine Frau ab 60 kann definitiv alles tun und lassen, was Sie will.

Das Rauchen anzufangen scheint trotzdem keine wirklich adäquate Untugend für einen weisen Menschen wie Sie zu sein. Zumindest, wenn es sich um Zigaretten dreht. Nicht nur, dass man mit dem Kauf von Tabakwaren noch mehr der guten Groschen sinnlos im schwarzen Haushaltsloch von Vater Staat verheizt. Obendrein sind die Rauchopfer perfiderweise fast überall auch noch verboten. Wenn es darum mit 60 als neue kleine Sünde das Rauchen sein soll, versuchen Sie es gleich mit Kiffen. Das ist zwar ebenfalls im Restaurant nicht erlaubt, aber dafür wenigstens steuerfrei. Und cooler ist es obendrein.

Dem Mann Bier holen

Die Zeiten der Frau als treulich dienendes Pantoffeltierchen eines Mannes sind gottlob schon lange Geschichte. Ob Sie nun weiterhin den Alkoholnachschub für die Besatzungsmacht auf Ihrer Couch sichern wollen, ist trotzdem eine echte Lebensentscheidung.

Und nicht etwa eine Entscheidung der Liebe. Eher eine des Hasses. Ist der nämlich groß genug, dann empfiehlt sich gerade jetzt die intensive Versorgung der ehelichen Fleischkugel im Wohnzimmer mit Frikadellen, Chips und Weizenbier. So lässt sich, dank der im Alter unter diesen Diätbedingungen rasendschnell voranschreitenden Verfettung der inneren Organe eines Mensch-Männchens, nicht nur eine schnelle, diskussionsfreie Auslagerung in ein Pflegeheim oder unterirdisches Endlager sicherstellen. Noch besser: Ihr Opfer wird Ihnen bis dahin auch noch täglich für die schleichende Hinrichtung danken!

Aus Liebe heiraten

Das ist SO natürlich eine völlig falsche Aussage. Frauen sind romantische Geschöpfe und zur Liebe geboren. Heiraten geht also nach wie vor NUR aus Liebe. Die Frage ist viel eher: aus Liebe zu WAS?

Nach den eventuell schon gemachten Erfahrungen mit dem einen oder anderen Ehepartner muss Ihr Motto nun heißen: „Liebe deinen Nächsten, aber vor allem wie dich selbst". Die hieraus folgende, klare Definition der eigenen Bedürfnisse schafft gerade in der „Best Ager"-Klasse völlig neue Trends. Wählten Frauen aus den Topalterslagen 60+ bisher eher gut abgehangene Heiratsjahrgänge mit kurzer Restlaufzeit, so tendiert die moderne Dame des 21. Jahrhunderts immer häufiger zu jungem Gemüse. Eine reife Entscheidung, da in vielen Fällen Geerbtes plus selbst Verdientes plus Unterhaltszahlungen vom Ex dicke für einen selbst plus den Neuen reichen.

Fahrdienst machen

Autos sind für eine Dame in den besten Jahren ein eher unangemessenes Transportmittel. Mit dem Überqueren des 60. Altersgrades sind Sie schließlich auf der Spaßseite des Lebens angekommen.

Machen Sie darum Schluss mit dem Autofahren und damit mit dem „Kannst-du-mich-schnell-mal-nach-X-bringen"-Fahrdienst. 35 Jahre ehrenamtlicher Kutschier-Service sind genug! Ob Sie es nun zukünftig vorziehen, auf dem Mittelmeertaxi AIDA austrainierten jungen Burschen zuzuschauen, wie die sich für Sie, für wenig Geld, die Seele aus dem Leib animieren, oder sich im Kegeltour-Bus zum „Sauerland Stern" darüber amüsieren, in wie vielen unterschiedlichen Dialekten angeschickerte Bierbäuche „Du siehst aber gut aus!" sagen können, bleibt ganz Ihnen überlassen.

High Heels tragen

Was sind Harry Potters „Kammer des Schreckens" oder Orwells „Room 101" für kuschelige Chill-Out-Zonen im Vergleich zu der Foltertruhe, die das Leben jeder Frau beherrscht – der Kleiderschrank! Kleidungsstücke sind ein heimtückisches Repressionsmittel einer patriarchalischen Gesellschaft.

Und noch schlimmer als das grässliche Gefühl, nichts Anständiges anzuziehen zu haben, sind die Marterwerkzeuge, die man dann schließlich doch zur Selbstpeinigung in diesem textilen Schrein der Verzweiflung findet. Schütteln Sie endlich die Ketten der Versklavung durch Modemacher und Frauenzeitschriften ab! High Heels, Skinny Jeans, und Bauchweg-Gürtel sind orthopädische Attentatsversuche auf Ihre Gesundheit. Lernen Sie die trendy Heiterkeit und must have innere Ruhe fernöstlicher Philosophien und vor allem, als top Style-Add-on, die schmiegsame Bequemlichkeit von Togakleidern und Gesundheitsschuhen kennen.

Geschafft

Endlich immer das passende Geschenk für alle MÄNNER!

Folgt uns! facebook.com/lappanverlag
 Instagram.com/lappanverlag
www.lappan.de

LAPPAN